THEIA FARAH

LE POIDS DE L'AMOUR MALTRAITE

THEIA FARAH

LE POIDS DE L'AMOUR MALTRAITE

Éditions Vie

Imprint

Cover image: www.ingimage.com

Publisher:
Éditions Vie
is a trademark of
Dodo Books Indian Ocean Ltd. and OmniScriptum S.R.L publishing group

120 High Road, East Finchley, London, N2 9ED, United Kingdom
Str. Armeneasca 28/1, office 1, Chisinau MD-2012, Republic of Moldova, Europe
Managing Directors: Ieva Konstantinova, Victoria Ursu
info@omniscriptum.com

Printed at: see last page
ISBN: 978-620-8-87668-5

Résumé

Ce livre est un recueil de récits intimes et poignants de femmes qui vivent, ou ont vécu, la violence conjugale sous toutes ses formes : physique, psychologique, sexuelle, économique ou symbolique. Ces femmes ne sont pas toujours celles qu'on imagine. Elles peuvent être mariées à un homme respecté, vivre dans le confort matériel, être mères de famille, croyantes, instruites ou isolées.

À travers des histoires inspirées de faits réels, ce livre lève le voile sur les mécanismes invisibles de l'emprise : la peur de tout perdre, la honte de parler, la dépendance financière, le poids de la société, ou encore le sacrifice pour les enfants.

Chaque chapitre explore une situation différente, pour montrer la diversité des parcours et la complexité des décisions. À la fin de chaque récit, des éléments d'analyse et des ressources concrètes sont proposés afin d'informer, prévenir et orienter celles qui se reconnaîtront dans ces pages.

Ce livre se veut un outil de sensibilisation, un acte de sororité, mais aussi un cri d'alerte et d'espérance pour toutes celles qui n'osent pas encore partir.

Chapitre 1

Le prix du confort

« Je ne suis pas une femme battue. Il ne me frappe pas ; il me tient juste... enfermée. »

Lina a 38 ans. Elle vit dans une maison où tout semble parfait : un jardin entretenu, un portail automatique et une cuisine équipée dernier cri. De l'extérieur, tout respire la réussite et le bonheur.

Mais à l'intérieur, Lina étouffe.

Chaque matin, elle se lève à 4h30. Elle prépare les petits-déjeuners, habille les enfants, s'occupe du linge, du ménage et des courses. Tout doit être impeccable quand il rentre. Il ne l'a jamais frappée. Non. Il dit qu'il l'aime, mais tout est contrôle, silence et autorité.

Elle n'a jamais eu de compte bancaire. Elle reçoit chaque semaine une enveloppe avec de l'argent pour les courses. Si elle dépasse le budget, il s'énerve :

> – "Tu crois que l'argent pousse dans les arbres ? Apprends à gérer un peu, Lina, même ça tu ne sais pas faire."

Il a tout verrouillé. Elle n'a pas le droit de travailler :

> – "Pourquoi faire ? Je gagne assez pour nous deux. Je ne veux pas d'une femme qui traîne dehors."
>
> – "Mais j'ai étudié, j'ai un diplôme, tu le sais…"
>
> – "Et alors ? Ton rôle, c'est ici. Point."

Lina a perdu ses amies ; une par une. Il n'aimait pas qu'elle sorte ou qu'elle discute trop au téléphone. Même sa propre mère, elle ne la voit plus que lors des fêtes. Il la traite d'intrigante. Alors Lina a appris à se taire et à se faire toute petite.

Parfois, elle regarde par la fenêtre. Elle voit les autres femmes partir au travail, marcher librement. Elle se demande à quoi ressemblerait sa vie si elle était partie il y a dix ans, avant les enfants et les humiliations.

Mais partir, ce serait tout perdre :

- Où irait-elle ? Elle n'a pas d'argent.
- Comment nourrirait-elle ses enfants ?
- Que diraient les gens ? On la croit chanceuse ... Belle maison, mari fidèle... Elle ose à peine appeler cela de la violence. Pourtant, chaque mot, chaque regard de lui est une blessure.

Il lui dit souvent :

– "Tu n'aurais rien sans moi."

Et parfois, elle le croit.

Elle a songé une fois à fuir. Elle avait caché un peu d'argent dans une boîte à sucre. Il l'a trouvée. Elle a menti :

– "C'était pour acheter un cadeau..."

Il l'a regardée droit dans les yeux.

– "Tu sais très bien ce que tu perds si tu t'amuses à jouer à ça."

Elle a eu peur et elle est restée.

Le soir, quand les enfants dorment, Lina s'assoit sur le bord du lit. Elle pense à la jeune fille qu'elle était. Pleine de rêves, de projets. Elle voulait ouvrir une boutique, enseigner le français, et voyager.

Elle voulait être libre.

Elle touche son alliance, devenue si lourde. Et elle se dit :

– "Je ne suis pas battue, je suis juste... fatiguée."

Puis elle range ses pensées, comme on range les assiettes après le dîner. Et elle se lève, pour préparer le petit-déjeuner du lendemain.

Chapitre 2

Quand l'église te dit de prier et de rester

« J'ai appris à prier en silence, la main sur la joue encore rouge. Pas pour qu'il change mais pour ne pas mourir avant lui. »

Sandra avait toujours rêvé d'un mariage "selon Dieu". Une robe blanche, un homme pieux et des enfants élevés dans la foi. Elle l'a justement rencontré à l'église ; bien habillé, toujours souriant et serviable avec le pasteur. Tout le monde l'aimait. Et au début, elle aussi.

Mais les premiers signes sont arrivés vite, juste après le mariage.

Une remarque sur sa jupe « trop courte pour une femme mariée ». Une colère parce qu'elle avait ri à une blague d'un frère de l'église. Une gifle, un soir, parce qu'elle avait osé le contredire devant un couple ami.

Elle avait pleuré. Il s'était excusé. Et le lendemain, il l'avait emmenée à la prière du matin.

> – "Le diable a voulu me faire perdre le contrôle. Mais Dieu m'a parlé."
> Elle l'avait cru. Ou plutôt, elle avait voulu le croire.

Mais les coups sont revenus ; moins visibles - dans le dos, sur les cuisses. Toujours suivis de prières, de versets et de silences.

Un jour, elle en a parlé.

À sa responsable de cellule de prière. Une femme respectée, sage, présente dans l'église depuis vingt ans.

> – "Tu dois persévérer, ma sœur. Le diable s'attaque aux familles bénies. Continue de prier. Soumets-toi à ton mari et Dieu fera le reste."

Ces mots l'ont laissée vide mais elle a obéi, parce que c'est ce qu'on lui avait appris. Une femme vertueuse ne quitte pas. Elle lutte à genoux, elle se sacrifie, comme Jésus. Elle attend son miracle.

Alors Sandra a continué à prier, à pleurer, à mettre du fond de teint sur ses bleus… et à dire aux autres sœurs :

> – "Dieu travaille encore dans notre foyer."

Mais au fond, elle se sentait mourir lentement.

Elle n'avait plus de voix, plus de rires. Elle ne chantait plus à l'église ; elle murmurait.

Elle a commencé à se demander :

> – "Est-ce que Dieu veut vraiment que je reste dans cette prison ? Est-ce que la croix qu'Il me demande de porter, c'est celle-là ?"

Un soir, après une dispute, elle s'est enfermée dans la salle de bains, le visage en sang. Elle s'est regardée dans le miroir.

Et elle a murmuré :

> – "Seigneur, je ne te demande plus de le changer. Je te demande juste de me sauver."

Ce fut la première fois qu'elle a prié pour elle.

Le lendemain, elle n'est pas allée à l'église. Elle a pris ses enfants et elle est partie.

Elle n'avait pas de plan. Pas d'argent, ni de soutien. Mais elle avait retrouvé sa voix.

De nombreuses femmes croyantes restent dans des situations violentes par peur de “désobéir à Dieu”. Il est important de rappeler que la foi ne justifie jamais la violence. Aucun verset, aucune prière ne demande à une femme de se laisser détruire au nom du mariage.

Si vous êtes dans cette situation, vous avez le droit de vous protéger. Parlez à un professionnel, un centre d’écoute ou une personne de confiance formée à ces réalités.

Chapitre 3

Clémence : Le luxe comme camouflage

« On m'envie mais personne ne devine que je suis prisonnière d'un château doré. »

Johanna avait tout pour inspirer l'admiration.

Une belle femme, diplômée, directrice marketing dans une grande entreprise, toujours élégante, toujours souriante

Un mari brillant

Des voyages en business class

Une villa avec piscine

Elle cochait toutes les cases du bonheur parfait ; du moins, en apparence.

Mais à huis clos, tout était différent.

Au début, ce n'était que des critiques subtiles.

– "Tu as encore pris du poids."

– "Tu parles trop fort, ça fait vulgaire."

– "Tu veux toujours avoir raison, tu fatigues les gens."

Puis sont venus les silences froids, les regards méprisants et les humiliations devant les amis.

Un jour, alors qu'elle riait un peu trop fort à un dîner, il a glissé :

– "Tu bois ou tu fais semblant d'être idiote ?"

Le tout avec un sourire. Les autres ont ri ; elle aussi, mais son cœur s'est glacé.

Johanna ne savait pas si elle exagérait.

Il ne la frappait pas, il ne criait pas. Il *l'éteignait.*

Il disait qu'elle avait de la chance d'être avec lui. Alors elle se taisait.

Elle aurait pu partir, financièrement parlant mais elle avait honte.

Honte de dire qu'elle, la femme forte et battante se faisait rabaisser à la maison.

Honte de briser l'image du couple parfait que tout le monde enviait.

Mais elle avait aussi peur ; peur qu'on ne la croie pas - peur de se retrouver seule. Parce qu'il savait si bien manipuler et qu'il était charmant en public.

Un jour, elle a craqué.

Dans un séminaire sur le leadership féminin, une coach lui a posé cette question :

> – "Johanna, dans votre vie privée, êtes-vous respectée autant que vous l'êtes ici ?"

Elle a éclaté en larmes. Pour la première fois devant des inconnues.

Ce fut la faille qui a permis à l'air de rentrer.

Elle a commencé une thérapie, lentement, elle a posé des mots et pris conscience : *Elle n'était pas folle. Elle était victime d'une violence sournoise. Une violence sans bleus, mais avec des cicatrices profondes.*

Ce ne fut pas facile.

Il a tenté de l'humilier, de la faire passer pour instable. Mais cette fois, elle avait une alliée : elle-même.

Et un jour, elle est partie. Elle a gardé la tête haute.

Elle n'a pas tout reconstruit en un mois ; mais elle a repris possession de son espace, de son esprit et de sa liberté.

Et surtout, elle a compris ceci :

Le confort matériel ne vaut rien si ton âme vit en cage.

Chapitre 4

Ony : Mariée sans avoir choisi

« Je n'ai pas eu la chance de choisir mon mari, mais je suis prête à choisir ma liberté. »

Ony se souvient du jour où son père lui a annoncé la nouvelle. Elle était à la maison, dans la cuisine, en train de préparer le riz pour le repas du soir, quand il est entré, un sourire gêné aux lèvres, tenant une enveloppe soigneusement fermée.

> – "On t'a trouvé un bon mariage. Tu partiras dans une semaine. C'est pour ton bien, pour la famille."

Elle avait seulement 17 ans. Elle n'avait jamais rencontré cet homme, ce "bon parti" qu'on lui avait choisi. On lui avait dit qu'il était un homme respectable, qu'il serait un bon mari et qu'il lui offrirait une vie digne. Mais elle n'avait pas eu son mot à dire, ni dans le choix du mari, ni dans la date. Elle devait simplement dire "oui", comme toute femme de sa famille avant elle.

La cérémonie fut simple. C'était un mariage traditionnel, comme il en existe tant dans les villages malgaches. Pas de grand festin ni de musique entraînante, juste des regards discrets et des sourires timides. Elle portait une robe blanche qui ne lui appartenait même pas, des bijoux de famille, et son cœur se serrait à chaque pas qu'elle faisait vers l'autel.

Les premiers mois, elle essaya de s'adapter.

Elle se disait qu'elle finirait par s'habituer à cet homme qu'elle ne connaissait pas. Que ses parents, qui avaient choisi pour elle, savaient ce qui était mieux. Elle voulait être une bonne femme, une femme respectée, comme on lui avait appris. Mais plus elle essayait de se faire accepter, plus elle se sentait étrangère à cette vie.

Il n'était pas violent, du moins pas physiquement ; mais il la négligeait. Il ne la voyait pas.

Il ne lui posait jamais de questions. Quand il parlait, c'était souvent pour lui reprocher quelque chose.

– "Pourquoi tu n'as pas préparé le repas à l'heure ?"

– "Tu parles trop. Tu devrais être plus discrète."

– "Tu dois être plus calme, plus douce, plus obéissante."

Elle avait l'impression d'être invisible.

Les mois passaient et la douleur grandissait en elle.

Elle se demandait si elle n'était pas simplement une marchandise, un bien échangé entre familles, un objet de plus dans une longue lignée de mariages arrangés. Elle n'avait jamais eu la chance de rêver d'un autre futur, d'une vie où elle serait aimée pour ce qu'elle était. Elle ne savait même pas ce qu'elle voulait vraiment.

Elle rêvait de s'échapper, de fuir ; mais elle n'en avait pas la force. Elle n'avait ni le soutien, ni les moyens. Elle n'avait jamais travaillé, car on lui avait dit que son rôle était de s'occuper de la maison et des enfants à venir.

Elle était complètement dépendante de lui et il savait parfaitement en jouer.

Un jour, alors qu'elle allait au marché avec une voisine, celle-ci lui a posé une question innocente.

– "Et ton mari, Ony ? Comment il te traite ?"

Ony a souri, mais un sourire forcé, qu'elle n'arrivait plus à dissimuler.

Elle n'avait jamais réfléchi à cette question, mais, ce jour-là, elle se sentit démunie. Elle ne savait plus comment répondre, ni même si elle avait le droit de se poser des questions.

La voisine, qui l'avait connue enfant, posa une main bienveillante sur son épaule.

– "Tu sais, tu as le droit d'être heureuse, toi aussi. Ce n'est pas ça, la vie de femme."

Cela la bouleversa profondément. C'était la première fois qu'une femme lui disait cela. C'était comme un souffle d'air frais, une possibilité qu'elle n'avait jamais envisagée.

Ce soir-là, seule dans la chambre qu'elle partageait avec son mari, Ony se coucha en silence.

Elle pensait à sa famille, à ses rêves d'adolescente et à ses espoirs qu'elle avait abandonnés. Elle pensait à la jeune fille qui aimait courir dans les champs, qui rêvait de devenir enseignante, qui pensait qu'un jour, elle pourrait prendre des décisions pour elle-même.

Elle se demanda si elle pourrait un jour revendiquer ce droit. Si elle pourrait, enfin, choisir sa vie.

Le lendemain matin, elle alla à l'église, comme chaque dimanche. En écoutant le prêtre parler de liberté et de choix, elle eut une révélation. Elle comprit que la liberté n'était pas une chose donnée par les autres, mais quelque chose qu'elle devait revendiquer pour elle-même.

Elle ne savait pas encore comment, mais elle était déterminée à trouver un moyen. À ne pas se laisser écraser par la tradition, par la peur et par l'inconnu.

Ony savait que ce serait difficile.

Mais ce jour-là, elle fit une promesse à elle-même.

"Je n'ai pas choisi mon mari, mais je vais choisir ma vie."

Chapitre 5

Lova : Et qui voudrait d'une femme comme moi ?

« Je suis brisée, et je ne crois pas qu'il y ait encore un homme qui veuille de moi. »

Lova se tenait devant le miroir, observant son reflet dans la poussière qui recouvrait le verre. Ses yeux étaient fatigués, mais pleins de tristesse. Elle avait 28 ans, mais elle se sentait vieille, fatiguée par la vie, comme si ses 28 années étaient 50. Elle avait perdu son sourire … ou peut-être que son sourire n'avait jamais existé. Elle se souvenait de ses rêves, de ses espoirs avant son mariage, mais tout cela semblait aujourd'hui si lointain, presque irréel.

Tout avait commencé comme un conte de fées.

Elle avait rencontré Rado quand elle avait 19 ans, et tout avait été si rapide. Il était beau, charmant, et tout le monde disait qu'ils formaient un joli couple. Au début, il la couvrait de compliments, l'emmenait dans de bons restaurants, lui offrait des cadeaux. C'était la vie dont elle avait toujours rêvé.

Mais au fil du temps, l'homme charmant se transforma en un autre homme, celui qu'elle redoutait.

Les premières insultes étaient passées inaperçues. Un petit regard froid ici, une critique là. Puis, petit à petit, elles devinrent plus violentes. Les mots se transformèrent en gestes, les coups commencèrent à pleuvoir sur elle, et tout ce qui était de l'amour devint une oppression.

Rado l'empêchait de sortir, de voir ses amis et de parler à sa famille. Il voulait la contrôler, la réduire au silence. Elle ne comptait plus. Elle était juste là pour servir et pour répondre à ses attentes.

Les années passaient, et avec elles, l'espoir se dissipait. Lova se sentait prisonnière. Elle vivait sous le même toit que Rado, mais son esprit s'échappait à chaque occasion, se réfugiant dans des rêves d'un futur qu'elle ne pourrait jamais toucher. Elle se disait qu'un jour, peut-être, elle trouverait un moyen de partir, de fuir cette vie qui l'étouffait.

Mais comment partir sans ressources ?

Elle n'avait jamais travaillé. Son mari ne lui permettait pas. Lova avait abandonné ses études pour s'occuper de la maison, une "femme au foyer", comme il aimait dire. Il lui disait que son seul rôle était de lui donner des enfants, de maintenir la maison propre et bien rangée et d'être à sa disposition.

Un jour, elle rencontra une ancienne amie d'enfance au marché.

– "Tu as l'air fatiguée, Lova, tu vas bien ?"

Elle avait répondu par un sourire nerveux, sans oser tout dire. Mais son amie, attentive, remarqua ses yeux brillants de tristesse.

– "Lova, il faut que tu t'échappes. Personne ne mérite de vivre ainsi.
Tu es encore jeune, tu as toute la vie devant toi."

Les paroles de son amie firent résonner un écho en elle. Lova n'avait jamais imaginé qu'elle pourrait quitter Rado. Ce simple "tu as toute la vie devant toi" semblait être un rêve lointain, un rêve qu'elle croyait hors de portée.

Mais cela alluma une petite étincelle en elle.

Elle n'avait jamais osé se penser libre, et pourtant, ce jour-là, elle commença à envisager la possibilité d'un avenir sans lui. Mais elle ne savait pas par où commencer.

Le soir, en rentrant chez elle, Lova se retrouva seule avec ses pensées. Elle se demandait comment elle avait pu en arriver là. Elle se sentait tellement insignifiante, une simple ombre, une femme réduite à ses peurs et à ses blessures. Lova avait l'impression d'avoir perdu son identité, d'être devenue un simple accessoire dans la vie de Rado.

"Et qui voudrait d'une femme comme moi ?"

Cette pensée résonnait dans sa tête, répétée encore et encore, comme un refrain cruel qu'elle ne pouvait ignorer.

Mais, en elle, quelque chose commença à changer. Elle avait une volonté douce, mais ferme, de ne plus être la victime de son destin. Elle se dit que, même si elle n'avait jamais eu de ressources financières, même si elle ne savait pas où aller, elle avait quelque chose d'important : sa propre vie.

Elle savait que la route serait longue, semée d'embûches. Que ses choix seraient remis en question, que ses proches pourraient ne pas comprendre. Mais Lova avait une conviction nouvelle. Elle ne voulait plus vivre dans la peur et dans la honte. Elle voulait se reconstruire, se retrouver.

Le matin suivant, en se levant, elle se regarda une dernière fois dans le miroir. Elle se rendit compte qu'elle n'était plus cette jeune femme fragile qu'elle avait été. Elle avait changé. Elle avait souffert, mais elle avait aussi appris. Et aujourd'hui, elle était prête à faire face à la réalité, aussi difficile soit-elle. Elle était prête à choisir sa liberté, à quitter cette cage dorée, à reconstruire sa vie.

Lova savait que le chemin serait difficile, mais elle ne se sentait plus seule.

"Je n'ai pas choisi ma vie, mais je vais la choisir maintenant."

Chapitre 6

Sarah : La vie après la tempête

« Ce n'est pas la fin, ce n'est que le début. Je suis prête à reconstruire. »

Sarah n'a jamais oublié la première fois qu'elle a rencontré son mari, Dany. Elle se souvient de son regard séduisant, de ses paroles douces, de la tendresse qu'il lui montrait. Tout semblait parfait à l'époque. Elle était jeune, pleine de rêves, prête à fonder une famille et à mener la vie qu'elle avait toujours imaginée.

Elle avait 22 ans lorsqu'ils se sont mariés. C'était un grand jour pour elle, une journée pleine de joie et d'espoir. Le mariage avait eu lieu dans la petite église de son quartier à Antananarivo, avec ses proches et amis autour d'elle. Tout était beau, tout semblait prometteur. Mais très vite, elle se rendit compte que la réalité était bien différente.

Les premières semaines de leur mariage furent marquées par des éclats de voix, des disputes violentes, des gestes brusques.

Dany n'était pas l'homme aimant et respectueux qu'il paraissait être. Les premières querelles furent banales, sur des sujets futiles. Mais au fil des mois, cela se transforma en quelque chose de plus sombre : les insultes, les menaces, et finalement, les coups.

Sarah avait cru que cela allait passer, que ça allait s'arranger avec le temps. Elle pensait qu'il changerait, qu'il reviendrait à l'homme qu'elle avait aimé. Mais au lieu de cela, Dany devenait de plus en plus possessif et de plus en plus violent. Il ne laissait aucune place à son indépendance. Il voulait la contrôler, la surveiller, la faire se sentir insignifiante, incapable de prendre des décisions sans lui.

Sarah était enfermée dans une cage invisible.

Elle se souvient encore de ce moment où elle a perdu tout espoir. Une nuit, après une violente dispute, Dany lui a dit quelque chose qu'elle n'oubliera jamais :

> – "Tu n'es rien sans moi. Tu es une simple femme, sans valeur, sans avenir."

Ces mots l'ont brisée. Elle savait au fond d'elle qu'il n'avait pas tort, du moins dans son esprit. Elle s'était oubliée, elle s'était perdue dans cette relation toxique, et, pire encore, elle avait l'impression qu'elle ne pourrait jamais se libérer de lui.

Mais un jour, la situation atteignit un point de non-retour. Lorsqu'il lui a donné un coup particulièrement violent, Sarah s'est retrouvée allongée sur le sol, sanglante et épuisée, et c'est là que quelque chose en elle s'est réveillé.

Elle avait tout perdu, et pourtant, elle n'avait jamais été aussi déterminée à se reconstruire. Elle n'était pas morte. Elle était encore là.

Sarah prit la décision de fuir.

Elle n'avait aucune idée de ce qu'elle allait faire ni où elle irait, mais elle savait une chose : elle ne pouvait plus vivre ainsi. Elle contacta discrètement une amie de longue date, une femme de confiance qu'elle avait rencontrée au lycée, et lui expliqua la situation.

Cette amie lui offrit un toit, une échappatoire temporaire. C'était la première fois que Sarah se sentait en sécurité depuis longtemps. Elle vivait dans une peur constante, une angoisse sourde qui la rongeait à petit feu. Mais avec le soutien de son amie, elle comprit qu'elle pouvait commencer à reconstruire sa vie.

Les premières semaines après son départ furent difficiles.

Sarah se battait contre elle-même, se demandant si elle avait fait le bon choix. Elle ne savait pas où elle irait, ni comment elle allait subvenir à ses besoins. Elle avait quitté son emploi pour suivre Dany dans sa ville natale, et ses ressources étaient nulles.

Mais petit à petit, elle commença à retrouver sa confiance en elle. Elle chercha des emplois, fit des petits boulots pour joindre les deux bouts. Elle se reconnecta avec ses proches, ceux qu'elle avait laissés derrière. Ils la soutinrent, lui offrant des ressources, des conseils et, surtout, leur amour.

Un an plus tard, Sarah avait transformé sa vie.

Elle avait retrouvé un emploi stable et, avec le temps, elle commença à économiser pour pouvoir déménager seule. Ce n'était pas facile, mais elle se rendait compte qu'elle avait fait le choix le plus important de sa vie : celui de s'aimer elle-même, celui de prendre le contrôle sur son destin.

Elle n'avait pas encore complètement guéri de ses blessures, mais elle savait que chaque jour était un pas vers sa liberté. Elle avait retrouvé sa dignité, son indépendance, et elle savait que la vie lui offrait à nouveau une chance.

Un jour, en regardant le ciel, Sarah pensa à tout ce qu'elle avait traversé, à tout ce qu'elle avait surmonté. Elle sourit, cette fois-ci avec un sourire sincère.

"Ce n'est pas la fin, ce n'est que le début."

Elle avait choisi la liberté, et il n'y avait rien de plus précieux que cela.

Chapitre 7

Savoir reconnaître la violence : Ces signes qu'on ne doit plus ignorer

Avant même que la première gifle ne tombe, la violence s'installe. Doucement, sournoisement, elle prend racine dans les mots, les silences, les regards, les ordres et les humiliations du quotidien.

À Madagascar, comme ailleurs, trop de femmes grandissent en croyant qu'endurer est une vertu. Mais subir n'est pas aimer.

Ce chapitre est là pour alerter, éveiller les consciences et apprendre à détecter ce qui ne devrait jamais être toléré.

1. Quand les mots deviennent des armes

Au début, il dit que c'est pour rire. Il vous appelle "bête", "inutile", "bonne à rien", puis finit par s'excuser. Il vous rabaisse devant les autres, il vous coupe la parole, il nie vos efforts. Il répète que sans lui, vous ne seriez rien. Il critique votre physique, vos habits, vos plats ou vos rêves.

À retenir :

> Ce n'est pas "juste une dispute".
>
> L'humiliation verbale détruit l'estime de soi et ouvre la voie à d'autres violences. Ce n'est pas une preuve d'amour, c'est une façon de dominer.

2. Quand les gestes se durcissent… même sans coup

Il claque la porte, tape sur la table, jette les objets, vous pousse ou vous serre le bras plus fort que nécessaire. Il vous enferme dans une pièce ou vous empêche de sortir. Il vous force à avoir des rapports sexuels quand vous ne le souhaitez pas. Il surveille votre téléphone, fouille dans votre sac ou vos messages.

À retenir :

La violence physique ne commence pas toujours par des coups. Les gestes menaçants, les atteintes à votre espace ou à votre corps sont des signaux d'alerte.

3. Quand le contrôle devient une prison

Il veut savoir où vous allez, avec qui, à quelle heure. Il vous interdit de voir vos amies ou votre famille. Il vous interdit de travailler. Il exige que vous lui donniez votre salaire. Il prend toutes les décisions sans vous consulter. Il décide de vos vêtements, de votre coiffure, de ce que vous avez le droit de dire ou non.

À retenir :

Ce n'est pas de la protection, c'est du contrôle. L'amour n'enferme pas, il libère. L'amour ne décide pas à votre place, il vous respecte.

4. Quand la peur s'installe dans votre quotidien

Vous changez de comportement pour éviter de le "mettre en colère". Vous surveillez vos mots, vos gestes. Vous vous excusez constamment. Vous vivez dans le stress ou l'angoisse à l'idée qu'il rentre. Vous avez honte de parler à vos proches de ce que vous vivez. Vous avez peur de partir.

À retenir :

La peur est le signal le plus clair que la situation est toxique. Aucune femme ne mérite de vivre dans la terreur ou l'auto-censure.

5. Quand on doute de soi à force d'entendre qu'on exagère

Il vous dit que vous êtes trop sensible, que vous inventez, que vous dramatisez. Il vous fait douter de votre mémoire, de votre jugement et de vos émotions. Vous commencez à croire que vous êtes le problème, que vous avez mal compris, que c'est votre faute.

<u>À retenir</u> :

> Ce mécanisme s'appelle le "gaslighting". C'est une forme de manipulation mentale très destructrice. Si vous vous sentez perdue ou confuse, cherchez un regard extérieur neutre : une amie, un professionnel ou un centre d'écoute.

Ouvrir les yeux, c'est déjà un pas vers la liberté

Dans beaucoup de foyers malgaches, la violence est couverte par le silence, l'honneur de la famille ou la peur du qu'en-dira-t-on. Mais il est temps que les femmes sachent : ce n'est pas normal. Ce n'est pas tolérable et ce n'est pas leur faute.

Reconnaître ces signes, c'est se redonner du pouvoir et allumer une lumière dans l'obscurité.

Chapitre 8

Le premier pas : que faire quand on décide de dire stop ?

Prendre conscience qu'on vit une forme de violence est déjà un acte de courage. Mais décider d'agir, de se protéger, voire de partir… c'est un combat intérieur, surtout lorsqu'on se sent seule, sans argent, sans soutien ou prisonnière d'un cadre social.

À Madagascar, comme dans beaucoup d'autres pays, les ressources sont encore trop rares, et les tabous, trop lourds. Pourtant, des chemins existent, même petits et discrets.

Ce chapitre est une boussole pour celles qui se sentent prêtes à avancer.

1. Parlez même à une seule personne.

Garder le silence, c'est porter seule un poids trop lourd. Parlez à quelqu'un de confiance : une amie, une sœur, un collègue, une voisine ou un membre de votre église. Il ne s'agit pas forcément de tout dire tout de suite, mais de briser l'isolement. La violence se nourrit du silence. Le premier soutien peut venir d'un simple regard bienveillant.

2. Notez, gardez des traces.

Même si vous ne portez pas plainte immédiatement, essayez de garder des preuves : photos de blessures, messages menaçants, témoignages de voisins ou d'enfants. Notez dans un cahier, caché ou sécurisé, les dates, les faits ou les violences subies.

> Ces éléments peuvent vous aider plus tard, si vous décidez d'engager des démarches judiciaires ou administratives.

3. Commencez à mettre de l'argent de côté, discrètement.

Beaucoup de femmes restent à cause de la dépendance financière. Si vous pouvez, commencez à économiser en secret, même de très petites sommes. Demandez à une personne de confiance de vous garder cet argent si besoin.

Si vous êtes privée de travail, explorez les possibilités d'activités informelles à domicile : couture, cuisine ou petits services. Ce n'est pas évident, mais c'est un début d'indépendance.

4. Préparez un plan de secours.

Imaginez : s'il vous fallait partir rapidement, que prendriez-vous ? Où iriez-vous ? Ayez un sac d'urgence prêt et caché avec :

- une copie de votre carte d'identité
- un certificat de naissance (et ceux de vos enfants si possible)
- un peu d'argent
- des vêtements
- un téléphone avec du crédit
- les coordonnées d'une personne de confiance

Repérez un endroit sûr : chez un proche, un centre d'accueil ou une paroisse accueillante.

5. Informez-vous sur vos droits.

Même si la loi est parfois lente, vous avez des droits :

- Le Code pénal malgache sanctionne les violences physiques et psychologiques.
- Une femme battue peut porter plainte, demander une mesure d'éloignement ou entamer une procédure de séparation.
- Des centres peuvent proposer un accompagnement médico-psychologique et juridique gratuit.

N'ayez pas peur de demander conseil à un avocat, à une assistante sociale ou à une ONG.

6. Ne culpabilisez pas.

Beaucoup de femmes pensent :

- “Je l’ai provoqué.”
- “Je ne peux pas casser la famille.”
- “Les enfants ont besoin de leur père.”
- “Il va changer.”

Mais la vérité est simple : rien ne justifie la violence. Même si l’homme a eu une enfance difficile, même s’il s’excuse après, même s’il vous dit qu’il vous aime… Vos blessures et vos larmes comptent.

Votre dignité est sacrée.

7. Petit à petit, reprendre du pouvoir.

Sortir de la violence ne se fait pas en un jour. Mais chaque petite action compte : lire un témoignage, parler à une inconnue sur un forum, écrire une lettre sans l’envoyer, respirer profondément en se disant "je mérite mieux".

Certaines femmes attendent des années avant de partir. D’autres partent mais reviennent, par peur ou par dépendance. Chaque parcours est unique. Mais chaque femme a une force insoupçonnée, parfois juste endormie.

Tu n'es pas seule et tu n'es pas fautive.

Si tu lis ces lignes, c'est que tu as déjà commencé à chercher une sortie. Ce livre est là pour t'accompagner, te donner des repères, des pistes et surtout l'assurance que ta vie vaut mieux qu'un foyer violent.

D'autres femmes sont passées par là. D'autres ont réussi à se relever. Toi aussi, tu peux.

Chapitre 9

Entre peur et espoir : quand on hésite à partir

Quitter ou rester. Ce dilemme habite des milliers de femmes ; même celles qui vivent des violences graves. Car derrière la peur, il y a aussi l'espoir que tout s'arrange, le poids des habitudes, la crainte de l'inconnu, le regard des autres, et surtout… l'amour. Ce sentiment puissant, parfois douloureux, qui complique tout.

L'hésitation n'est pas un manque de courage. C'est une étape. Et elle mérite d'être comprise, accueillie et respectée.

1. Ce qu'on se dit à soi-même

Des pensées tournent en boucle dans l'esprit :

- "Je ne veux pas que mes enfants grandissent sans père."
- "Il était gentil au début, peut-être qu'il redeviendra comme avant."
- "Comment vais-je faire pour vivre seule, sans argent ?"
- "Et si je regrettais ?"
- "Ma famille me dira que je suis ingrate."

Ces phrases sont humaines mais elles ne doivent pas vous empêcher de voir une réalité : l'amour ne doit jamais faire mal.

2. Quand on minimise la violence

Beaucoup de femmes se disent :

"Il ne me frappe pas, il crie seulement."

"Il ne me frappe plus."

"Il est stressé à cause du travail."

"Je n'aurais pas dû lui parler comme ça."

Attention : la violence ne commence pas avec les coups. Elle commence avec le contrôle, l'humiliation, la peur et les insultes.

Et elle s'aggrave avec le temps. Ce que vous supportez aujourd'hui peut devenir insupportable demain.

3. L'illusion du changement

"Il m'a promis de changer."

"Il m'a dit qu'il allait se faire aider."

"Il a pleuré, il m'a suppliée."

Oui, certains hommes changent. Mais le vrai changement est lent, profond, accompagné par des professionnels. Une promesse, sans action concrète, ne suffit pas.

Le pardon est possible. Mais le danger ne doit jamais être toléré.

4. Quand on a peur de l'après

- Peur de ne pas avoir de toit
- Peur de perdre les enfants
- Peur de ne pas trouver de travail
- Peur d'être jugée
- Peur de se sentir seule

Ces peurs sont réelles mais elles ne doivent pas vous faire oublier ceci : votre sécurité physique et mentale passe avant tout. Il vaut mieux être seule que détruite. Il vaut mieux être pauvre mais libre, que bien logée dans la peur.

5. Le déclic viendra… ou peut-être est-il déjà là

Souvent, ce n'est pas une grande chose qui fait changer, mais un mot de trop, une peur trop forte, un regard d'un enfant ou un rêve étouffé.

Parfois, on hésite pendant des mois, des années… et un matin, on se dit : “Assez.”

Si tu hésites, c’est que quelque chose en toi commence à dire non. Écoute cette voix, nourris-la, protège-la. Elle est ta lumière.

L'hésitation est une transition, pas une faiblesse

Ce chapitre n'est pas là pour te presser, ni te juger. Il est là pour t'éclairer. Pour te dire que tu n'es pas folle, ni lâche, ni naïve. Tu es humaine et tu avances, à ton rythme.

Quand tu seras prête, tu sauras quoi faire. Et ce livre sera là, pour t'accompagner.

Chapitre 10

Les enfants dans la violence conjugale : victimes invisibles

Quand une femme subit des violences, son entourage lui répète souvent :

"Pense à tes enfants."

Et justement, c'est parce qu'elle pense à eux qu'elle reste. Parce qu'elle croit que partir, c'est détruire la famille.

Parce qu'elle pense qu'un père, même violent, est toujours mieux que pas de père. Parce qu'elle espère qu'en se sacrifiant, elle leur évite une douleur.

Mais la vérité, c'est que les enfants qui vivent dans la peur, les cris, le silence tendu ou la violence quotidienne sont eux aussi des victimes même s'ils ne disent rien.

Ils voient, entendent et ressentent

Un enfant n'a pas besoin d'être frappé pour être marqué. Il suffit de :

- entendre sa mère crier ou pleurer derrière une porte
- voir son père insulter, humilier ou rabaisser
- sentir que le foyer est un lieu d'insécurité

Les enfants ont des antennes fines. Ils observent, ils absorbent.

Ils savent ce que l'on essaie de leur cacher.

Et ils gardent tout en eux.

Les conséquences profondes et durables

Voici ce que l'on retrouve souvent chez les enfants exposés à la violence conjugale :

- Peur constante ou agressivité soudaine
- Retard scolaire, manque de concentration

- Troubles du sommeil, cauchemars
- Culpabilité (“C’est à cause de moi s’ils se disputent”)
- Repli sur soi ou troubles de l’alimentation
- Idéalisation de la violence ou reproduction des schémas plus tard

Une petite fille qui voit sa mère accepter l’humiliation peut croire qu’il est normal d’être traitée ainsi.

Un petit garçon qui voit son père imposer la peur peut penser qu’un homme, c’est ça.

Témoignages silencieux

"Je ne comprenais pas pourquoi maman ne disait rien. J'avais mal pour elle."

– Haingo, 24 ans

"J'étais en colère contre mon père, mais aussi contre ma mère, parce qu'elle laissait faire."

– Lova, 19 ans

"Je me disais que l'amour, c'était souffrir. Alors j'ai choisi un homme qui me faisait pleurer aussi."

– Cynthia, 30 ans

Ce que partir leur enseigne

Quitter un foyer violent, c'est :

- protéger ses enfants psychologiquement
- leur montrer que la dignité passe avant la peur
- leur apprendre que l'amour ne détruit pas
- leur offrir un avenir libre de traumatismes
- leur dire par l'exemple : "Tu as le droit d'être respecté(e)"

Un enfant heureux, c'est un enfant qui voit sa mère libre

Un enfant a besoin d'un cadre, pas d'une prison. Il a besoin d'un foyer calme, pas d'un faux semblant. Il a besoin de l'amour de ses parents, pas de la terreur qui unit leurs silences.

Protéger ses enfants, ce n'est pas rester à tout prix ; c'est se relever et les emmener avec soi vers un ailleurs plus sain.

Chapitre 11

Se retrouver après la violence : reconstruire son identité, son estime, sa vie

Quand une femme quitte un foyer violent, beaucoup pensent que le plus dur est passé. Mais en réalité, le chemin de guérison commence seulement.

Car pendant des mois, des années, parfois des décennies, elle a été brisée de l'intérieur. Elle a été réduite au silence, humiliée et éteinte.

Et maintenant qu'elle est partie, elle se retrouve… seule, fragile et perdue parfois.

Mais aussi libre enfin.

Redécouvrir la femme derrière la victime

Elle ne sait plus toujours :

- Ce qu'elle aime vraiment
- Ce qu'elle vaut
- Ce qu'elle veut
- Où elle va

Elle a été "la femme de", "la mère de", "celle qui supporte".
Il faut maintenant redevenir "elle", simplement.

Reconstruire l'estime de soi

Voici ce que plusieurs femmes doivent réapprendre :

- Que leur parole a de la valeur
- Qu'elles ont le droit de dire non
- Qu'elles peuvent décider pour elles-mêmes
- Qu'elles méritent le respect, sans condition

Ce travail peut être long, car les blessures invisibles sont tenaces.

Mais chaque petite victoire compte :

- oser parler
- se regarder dans le miroir avec douceur
- accomplir une tâche seule
- faire un projet, aussi simple soit-il

Demander de l'aide n'est pas une faiblesse

Beaucoup de femmes se disent : *"Je dois m'en sortir seule."*

Mais la reconstruction passe aussi par :

- des thérapeutes ou travailleurs sociaux
- des groupes de parole
- des associations de soutien
- des amies de confiance

Parler, écrire, pleurer, crier…

Tout cela est normal et fait partie du chemin.

Il n'y a pas de honte à guérir.

Un avenir réinventé

Certaines reprennent des études, d'autres apprennent un métier.

Certaines élèvent leurs enfants seules avec courage.

D'autres tombent amoureuses d'un homme doux, des années plus tard.

Chaque parcours est unique.

Mais toutes, un jour, se réveillent avec ce sentiment nouveau :

"Je me sens vivante."

Une renaissance

La femme battue n'existe plus ; elle est devenue une femme debout.

Et même si elle tremble encore parfois, elle marche vers elle-même, avec force, courage et lumière.

Chapitre 12

Quand Dieu devient refuge : foi, espoir et renaissance

Dans l'obscurité de la violence, il y a souvent un moment où tout semble perdu. Le cœur fatigué, l'âme à genoux, le silence lourd.

Et pourtant, au fond du désespoir, certaines femmes lèvent les yeux vers le ciel. Pas pour accuser, mais pour appeler, pleurer et espérer.

C'est là que Dieu devient refuge.

La foi comme force intérieure

Croire en Dieu ne fait pas disparaître les épreuves, mais cela donne la force de les traverser sans perdre son âme.

Certaines femmes disent :

> *"Quand personne ne me comprenait, je priais."*
>
> *"Quand j'avais honte, je sentais que Dieu m'aimait quand même."*
>
> *"J'ai quitté la maison sans rien... sauf ma foi. Et ça m'a suffi."*

La foi ne juge pas. Elle accueille, apaise, relève.

Un Dieu qui ne veut pas la souffrance

Trop souvent, on dit aux femmes de rester "pour sauver leur mariage", "pour obéir", "par devoir spirituel".

Mais Dieu n'est pas un tyran. Dieu est amour.

Et l'amour ne détruit pas. Il ne frappe pas. Il ne fait pas pleurer chaque nuit.

Dieu n'a jamais demandé à une femme de s'éteindre pour préserver une apparence.

"Tu as du prix à mes yeux." – Esaïe 43:4

"Je suis avec toi." – Josué 1:9

"Je te guérirai." – Jérémie 30:17

Une rencontre intime

Certaines femmes racontent que c'est dans leur moment le plus bas qu'elles ont rencontré Dieu :

- dans un taxi en fuyant la maison
- dans un lit d'hôpital après un coup de trop
- dans une prière murmurée à l'aube

Elles ont senti une paix inexplicable, une force nouvelle, un espoir qui renaît. Et elles ont su :

"Je ne suis pas seule. Dieu marche avec moi."

La foi comme nouveau départ

Croire en Dieu, c'est aussi croire :

- qu'on mérite mieux
- qu'on peut guérir
- qu'on peut reconstruire
- qu'on peut aimer encore, autrement

C'est se relever en se sachant aimée, même brisée.

C'est oser croire que demain peut être beau, malgré tout.

Un chemin spirituel de renaissance

À toutes les femmes blessées :

Dieu vous voit.

Dieu vous aime.

Dieu veut vous relever.

Mots de la fin

Chère femme,

Je sais que tu es fatiguée, que parfois tu te sens écrasée par le poids du monde. Mais sache que chaque larme, chaque cicatrice et chaque souffrance que tu portes aujourd'hui sont la preuve de ta force. Tu n'es pas brisée, tu es simplement en train de renaître.

Dieu te voit, Il te connaît, et Il t'aime telle que tu es, avec toutes tes fragilités. Tu mérites la liberté, tu mérites l'amour, tu mérites de sourire à nouveau.

Rappelle-toi toujours : tu n'es jamais seule. L'aube d'un nouveau jour t'attend, et avec elle, la promesse d'un avenir lumineux.

Ne perds jamais espoir, car tu es une guerrière, une survivante, et tu es plus forte que tout ce que tu as traversé.

Le meilleur reste à venir.

Sources et bibliographie

The body keeps the score : Brain, mind, and body in the healing of trauma (Bessel Van der Kolk)

Trauma and recovery (Judith Herman)

Le deuxième sexe (Simone de Beauvoir)

La prière qui change tout (Stormie Omartian)

Table des matières

FSC
www.fsc.org
MIX
Papier | Fördert gute Waldnutzung
FSC® C083411

Kolibri 360 GmbH
Ferdinand-Jühlke-Straße 7
99095 Erfurt, Deutschland
produktsicherheit@kolibri360.de

Druck:
CPI Druckdienstleistungen GmbH
im Auftrag der
Kolibri 360 GmbH
Ferdinand-Jühlke-Str. 7
99095 Erfurt